NOTICE

SUR

M. GUILHEM DE CLERMONT LODÈVE

DE SAINTE-CROIX,

Insérée dans le Catalogue des Livres de sa
Bibliothèque. — Juin 1809.

NOTICE

M. DE SAINTE-CROIX.

Au moment où va être publié le Catalogue de la Bibliothèque de M. de Sainte-Croix, nous ne pouvons nous refuser au désir d'y joindre une courte notice de la vie et des ouvrages de ce savant illustre dont la perte, encore récente, a si vivement affecté tous les amis de la vertu et des lettres. Ce n'est point un hommage que nous voulons ajouter à ceux qui ont déjà été rendus à sa mémoire ; nous cédons au besoin de satisfaire à un sentiment irrésistible, et c'est sous ce point de vue que nous nous flattons d'obtenir pour cette faible esquisse l'indulgence du public.

M. Guillaume - Emmanuel - Joseph - Guilhem de Clermont-Lodève de Sainte-Croix, né à Mormoiron près Carpentras, dans le Comtat Vénaissin, le 5 janvier 1746, d'une famille noble, était appelé par sa naissance et par les exemples domestiques à la carrière militaire. A peine avait-il achevé ses études chez les Jésuites de Grenoble, qu'il partit au mois de janvier 1761, pour les Isles du Vent, avec une commission de capitaine de cavalerie et en qualité d'aide-de-camp de son oncle M. le Chevalier de Sainte-Croix, qui s'était rendu célèbre par la défense de Belle-Isle, et qui alloit prendre le commandement de la Martinique. L'inclination de M. de Sainte-Croix, fortifiée par ce voyage fait dans

"

¡un âge où les impressions sont si vives, le
portait par préférence vers le service de mer,
mais les circonstances en décidèrent autre-
ment. M. le Chevalier de Sainte-Croix étant
mort au mois d'août de la même année, son
neveu repassa en France, chargé des paquets
de la Cour, et fut attaché au régiment des
Grenadiers de France, en attendant qu'il ob-
tînt une compagnie. Il servit six ou sept ans
dans ce corps, et ne le quitta que pour se
livrer entièrement à son goût pour l'étude,
trop contrarié par un genre de vie qui le te-
nait quelquefois éloigné de toutes les sources
de l'instruction. Déjà par la lecture réfléchie
des principaux écrivains grecs et latins, il
avait posé les fondemens de cette vaste et
solide érudition dont il sut dans la suite faire
un usage si heureux. L'histoire, dans toute
son étendue et avec toutes ses branches, de-
vint le domaine à la culture duquel il se con-
sacra tout entier. Appliquant chaque jour les
connaissances qu'il acquérait à quelque objet déterminé, il formait son jugement et
s'habituait à mettre en œuvre les matériaux
que la lecture lui fournissait. Par là il se
préservait d'un écueil assez commun aux
érudits, qui ne songent qu'à amasser de nom-
breuses connaissances sans les féconder par
la réflexion, et rendent ainsi inutile, pour le
progrès des lettres, une vie qu'ils ont con-
sacrée uniquement à la littérature. D'ailleurs,
M. de Sainte-Croix ne fut jamais animé que
d'un seul sentiment, l'amour de la vérité.
Ce n'était ni par le désir de s'illustrer, ni dans
la vue de se procurer aucun des avantages

qui accompagnent par fois l'homme de lettres dans sa carrière, ou répandent quelque éclat sur la fin de ses jours, qu'il s'était dévoué à l'étude. Une passion plus noble, un sentiment plus généreux, le seul qui puisse garantir l'homme des illusions de l'esprit de système, de cet esprit qui convertit en ténèbres la lumière, et en poison les sources même de la vie, fut constamment le ressort qui l'anima. La découverte de la vérité, surtout si elle pouvait être utile à ses semblables, prévenir leurs erreurs, redresser leurs jugemens, les préserver de quelque écueil, était l'unique récompense à laquelle il aspirât, le seul prix qu'il jugeât digne d'un homme de lettres pénétré de la grandeur de sa vocation. « Quand l'homme supérieur entre dans » la carrière, a dit quelque part M. de Sainte-» Croix, ce n'est pas pour se faire remarquer, » c'est pour atteindre le but. L'homme mé-» diocre croit y parvenir, lorsqu'il ne fait » qu'attirer sur lui-même les regards de la » multitude ». Cette élévation de sentimens, cette noblesse d'ame, jointes à une confiance aveugle dans la Providence, et à une parfaite résignation à ses volontés, ont été la source de la paix dont il a joui au milieu des plus affreux renversemens.

M. de Sainte-Croix avait épousé, le 11 décembre 1770, Mademoiselle d'Elbène, et leur union avait été heureuse, comme toutes celles qui sont fondées sur les qualités les plus estimables de l'esprit et du cœur. Deux fils, dont l'un après avoir été attaché comme page à Monsieur, frère du Roi, avait été

nommé en 1788 sous-lieutenant, et en 1791,
lieutenant au régiment de Beauvoisis, et l'autre élevé au collége d'Alais parmi les a-pi-
rans à la marine, était près d'être admis dans
les gardes du Pavillon, partageaient avec
une fille toutes les affections d'un pére et
d'une mère, dont ils se montraient dignes,
et semblaient ne leur promettre que de nouveaux sujets de satisfaction. Les travaux littéraires de M. de Sainte-Croix lui avaient
d'ailleurs mérité des succès flatteurs. Trois fois,
en 1772, 1773 et 1777, il avait été couronné par
l'Académie des Belles-Lettres, et cette illustre Compagnie ne pouvant se l'attacher au-
trement, parce qu'il faisait sa résidence dans
les états d'une puissance étrangère, l'avait
mis, dès 1772, au nombre de ses associés
étrangers. Ainsi M. de Sainte-Croix se trouvait placé dans des circonstances qui devaient
lui assurer le bonheur qu'il est permis au vrai
sage de désirer sur la terre, lorsque tout d'un
coup il s'est vu jeté au sein d'une mer ora-
geuse, et surpris par la plus violente tempête.
Les plus belles années de sa vie, celles où il
devait être heureux de la considération qu'il
s'était si justement acquise, ainsi que des
vertus et du bonheur de tout ce qui lui était
cher, n'ont plus été qu'une succession non
interrompue de scènes déchirantes. Dès le
mois d'avril 1791, obligé de fuir avec toute sa
famille devant l'armée des brigands sortis
d'Avignon, il quitta sa maison paternelle, et
n'y revint, quand un moment de calme eut
succédé à ce premier orage, que pour être té-
moin des dégâts que les soldats de Jourdan y

avoient commis, et y attendre de nouveaux malheurs. L'année suivante, 1792, jeté dans une prison où il ne demeura que quelques jours, et déjà ayant sous les yeux l'instrument de son supplice, il parvint à s'évader de Mormoiron le 4 octobre, et se rendit à Paris à la faveur d'un déguisement. Madame de Sainte-Croix, dont le courage, la fermeté d'ame, la présence d'esprit avaient lutté long-temps contre toute la fureur des brigands, et avaient sauvé les jours du père et des enfans, aurait fini par être elle-même la victime de son zèle, si, au moment où l'on allait exécuter l'ordre donné de l'arrêter, elle ne se fût échappée le 9 mars 1794 d'Avignon, où elle s'étoit retirée après l'évasion de M. de Sainte-Croix, et ne fût venue le joindre dans la capitale. La vengeance des scélérats privés de leur proie, s'exerça sur les biens, la maison, les livres, les papiers de l'homme estimable, qui s'était soustrait à leur fureur : les biens furent séquestrés, la maison livrée à un club, les livres pillés, les papiers jetés au feu. Heureux cependant M. de Sainte-Croix, s'il n'avait pas eu d'autres biens plus chers encore à regretter ! Mais bientôt privé de ses deux fils, il vit chacune de ses affections changée en une source de chagrins cuisans, et ses yeux ne purent plus s'arrêter sur rien de ce qui l'entourait, sans y trouver quelques restes échappés à un naufrage affreux, qui lui rappelaient douloureusement des pertes irréparables. Sa fille, le seul enfant qui lui restait, lui fut encore enlevée il y a trois ans, au moment où les plaies profondes qu'il portait, commençaient à se cicatriser, et cette cruelle blessure rouvrit toutes celles de son cœur. Cependant, au milieu de ces tristes circonstances, fort de la paix de son ame, et pardonnant aux auteurs de ses maux, parce qu'il envisageait de plus haut tous les événemens de la vie, il n'a jamais cessé de chercher le soulagement dont il avait besoin, dans la religion, l'étude et la société de quelques amis, que sa simplicité jointe à tant de talens, et la bonté de son cœur relevée par l'éclat de son génie, lui avaient inviolablement attachés. Aussi, attaqué d'une maladie cruelle qui sembla pendant plusieurs mois ne point menacer son existence, et lui préparer seulement une vieillesse pénible, il a vu ces amis entourer constamment son lit de douleur, et s'estimer heureux, lorsqu'ils pouvaient le distraire un moment de ses souffrances, ou s'entretenir avec lui des travaux dont il devait bientôt reprendre le cours. Malheureusement leurs espérances ont été trompées; M. de Sainte-Croix a été enlevé à leur amitié le 11 mars 1809, et s'il leur reste quelque consolation, c'est de penser que la mort de l'ami qu'ils ont perdu, a excité un concert unanime de regrets et de pleurs, et que tous les hommes capables d'apprécier les talens et les vertus, ont partagé leur juste douleur.

Le grand nombre et la variété des sujets traités par M. de Sainte-Croix, suffisent pour faire juger de l'étendue de ses connaissances. La rectitude de son jugement se manifeste en toute occasion par le choix des sujets auxquels il consacre ses recherches, l'heureux emploi qu'il fait de l'érudition, les rapports qu'il établit entre l'histoire ancienne et l'histoire moderne, la critique avec laquelle il pèse les témoignages, et les leçons qu'il sait tirer du passé. Son génie éclate souvent par de sublimes réflexions, des élans d'imagination toujours consacrés à l'honneur de la vertu ou à la censure du vice. Enfin, chacune de ses pages est empreinte de la bonté de son cœur et de la noblesse de ses sentimens.

Pour faire dignement l'éloge de M. de Sainte-Croix, il suffirait d'offrir aux lecteurs une liste exacte de ses travaux et une analyse de ses ouvrages. L'espace dans lequel nous devons nous renfermer, ne nous permet de faire ni l'un ni l'autre. Divers Journaux littéraires, tels que le *Journal des Savans*, le *Magasin Encyclopédique*, les *Archives Littéraires*, renferment un grand nombre de morceaux fournis par M. de Sainte-Croix, et qui auraient pu orner des recueils académiques. Les Mémoires de l'Académie des Belles-Lettres, dont il fut un des plus zélés collaborateurs, contiennent un grand nombre de dissertations également intéressantes par leurs objets, et par la manière dont l'auteur les a traités. Les quatre tomes du Recueil de cette célèbre Académie, qui ne tarderont pas à paraître, feront jouir le public de plusieurs travaux de M. de Sainte-Croix. La classe d'Histoire et de Littérature ancienne de l'Institut, dont il était membre depuis le 8 pluviôse an 11, époque de la nouvelle organisation de ce Corps savant, lui doit aussi

quelques mémoires, et particulièrement des
recherches très-étendues sur le Tombeau de
Mausole et sur la chronologie des Rois de
Carie. Il travaillait, lorsque la mort l'a enlevé, à deux autres mémoires, l'un sur l'É-
gypte, l'autre sur l'Histoire de la Philoso-
phie chez les Romains, et il était occupé depuis long-temps de recherches chronologi-
ques sur la véritable époque de la naissance
de Jésus-Christ.

Ne pouvant entrer dans le détail de tous
les travaux de M. de Sainte-Croix, nous nous
contenterons d'indiquer ceux de ses ouvrages
qui sont d'un intérêt général et qui ont été
publiés séparément, et d'en donner une lé-
gère idée.

*Examen critique des anciens Historiens
d'Alexandre-le-Grand.* Paris 1775; seconde édition, Paris, an 13 (1804), 1 *vol.*
in-4.

Cet ouvrage, qui avait été couronné par
l'Académie des Inscriptions et Belles-Lettres
en 1772, commença à faire connaître aux
savans tout ce qu'ils pouvaient attendre des
talens de M. de Sainte-Croix. Le célèbre auteur de la *Bibliotheca critica*, ne fut que
l'organe de l'opinion de tous les juges éclairés, en disant que l'on y admirait un jugement
fin, une critique exercée, une connaissance
approfondie de la chronologie et de la géo-
graphie, une éloquence toujours dictée par la
noblesse des sentimens et par l'élévation de
l'ame. L'auteur seul n'en était pas content,

« C'est, écrivait-il au moment où il s'occu-
» pait d'en faire une seconde édition, le moins
» mauvais des ouvrages que j'ai publiés; il
» était le fruit de cinq années de travail, et
» il eut plus de succès que je ne m'y atten-
» dais, surtout chez l'étranger. Cependant que
» de retranchemens, d'additions, de change-
» mens et de corrections ne serai-je pas obligé
» d'y faire dans la nouvelle édition que je
» prépare ! je ne le regarde que comme un
» essai dont il est possible de faire un bon ou-
» vrage ». Elle a paru cette seconde édition,
à la tête de laquelle on aime à lire, entre le
jugement que M. de Sainte-Croix porte de
son premier travail, et le compte qu'il rend
de ce qu'il a fait pour que le second fût *plus
digne des éloges du public*, ces mots atten-
drissans d'une éloquence qui naît du cœur :
« La Divine Providence m'ayant fait échapper
» au fer des assassins et aux autres périls de
» la révolution, par le courage et le dévoue-
» ment de la personne chère à mon cœur, sur
» laquelle repose le bonheur de ma vie, et qui
» en adoucit toutes les amertumes, j'ai cher-
» ché à effacer de ma mémoire de cruels sou-
» venirs, en me livrant sans réserve et avec
» ardeur à mes premiers travaux. » L'auteur
annonce lui-même que c'est moins une nouvelle édition qu'il publie, qu'un nouvel ouvrage sur le même sujet, et en adoptant ce
jugement, on peut dire, sans crainte d'être
désavoué, que ce nouvel ouvrage a honoré
la nation et le siècle auxquels il appartient,
qu'il a offert un modèle qu'il sera toujours
difficile d'imiter ; enfin, qu'il a irrévocable-

ment marqué la place de son savant auteur parmi les grands hommes qui ont le mieux mérité de la science historique. « Si, dit M.
» Wyttenbach, littérateur bien digne d'appré-
» cier M. de Sainte-Croix, nous ne sommes
» pas toujours de l'avis de l'auteur, nous osons
» cependant affirmer, qu'il a parfaitement
» rempli toutes les conditions requises pour
» bien écrire l'histoire. La richesse des ma-
» tériaux mis en œuvre est telle qu'il paraît
» impossible d'y rien ajouter, et qu'on peut
» regarder cet ouvrage comme le trésor de
» l'histoire d'Alexandre : rien de ce qui a trait
» à ce héros, n'y est oublié ; lieux, temps, per-
» sonnages, faits, monumens des arts, évé-
» nemens, circonstances, écrivains, tout y
» est rappelé ; ce n'est pas tout, dans cette ga-
» lerie d'auteurs de tous les siècles qui pas-
» sent comme en revue, on a eu soin de faire
» remarquer les genres de mérite et les dé-
» fauts qui caractérisent chaque siècle, cha-
» que époque. Toute cette masse est, pour
» ainsi dire, animée par un esprit qui la vivi-
» fie, et qui porte, dans toutes ses parties,
» l'ordre, la critique, l'ensemble, le senti-
» ment du grand et du beau, le respect reli-
» gieux des devoirs de l'historien, une no-
» blesse de style et une éloquence dignes des
» pensées et des sentimens. Puisse, ajoute-t-
» il, l'estimable et savant écrivain conserver
» encore pour la nouvelle édition qu'il pré-
» pare, de ses Recherches sur les mystères du
» Paganisme, l'application à l'étude, la vi-
» gueur de l'esprit et du corps, le repos et
» tous les avantages extérieurs dont il a fait

» un si bon usage en les consacrant à cette
» Histoire d'Alexandre. »

*L'Ezour-Vedam, ou Ancien Commentaire
du Vedam, contenant l'exposition des
opinions religieuses et philosophiques des
Indiens.* Yverdon, 1778, 2 vol. in-12.

M. de Sainte-Croix, en publiant l'*Ezour-
Vedam*, et en mettant à la tête des observations préliminaires, s'était proposé de mon-
trer combien est douteuse l'antiquité si van-
tée des dogmes religieux et des livres sacrés
des Indiens. Dans le temps que l'Ezour-Vedam parut, l'authenticité de ce livre fut con-
testée et défendue. Elle a encore été attaquée
à une époque plus récente, par le Père Pau-
lin de Saint-Barthelemy. M. de Sainte-Croix
avait renoncé à tout projet de donner une
seconde édition de l'*Ezour-Vedam*, et de
profiter, pour enrichir ses observations, des
travaux des savans anglais ; il se proposait
néanmoins de répondre à la critique trop peu
modérée du Missionnaire, mais il n'a point
exécuté ce dessein.

*De l'État et du sort des Colonies des An-
ciens Peuples.* Philadelphie, 1779, 1 vol.
in-8.

L'auteur, toujours sévère quand il s'agis-
sait de ses propres ouvrages, jugeait celui-
ci peu favorablement : « Cependant, écrivait-
» il lui-même, on y remarque quelques ob-
» servations dignes d'attention ; telle est sur-

» tout celle que j'ai faite sur le prétendu
» article du traité conclu entre Gélon et les
» Carthaginois, concernant les sacrifices hu-
» mains, et dont Montesquieu a fait honneur
» au maître de Syracuse; telles sont aussi
» plusieurs réflexions dont la Révolution fran-
» çaise n'a que trop prouvé la vérité. » Pour
nous, nous croyons devoir souscrire au jugement du savant Wyttenbach, qui voit, dans
ce traité, non une compilation informe ou
une connaissance superficielle des choses,
mais une science profonde et exercée de
l'histoire ancienne, et un talent heureux à
en faire une sage application; et nous dirons
avec M. Boissy d'Anglas, qui a si bien appré-
cié le mérite de M. de Sainte-Croix : « Ici,
» son génie nous retrace le sort des colonies
» des anciens peuples; il développe avec une
» grande méthode les vrais principes qui doi-
» vent régir ces institutions sociales, et en
» exposant avec clarté comment leurs fonda-
» teurs les y appliquèrent, il offre à-la-fois
» pour l'avenir et de mémorables exemples
» et de judicieuses leçons. »

*Observations sur le Traité de paix conclu
en 1763, entre la France et l'Angleterre.
Yverdon, 1782, 1 vol. in-12.*

La France et l'Angleterre étaient sur le
point de terminer la guerre, dont l'indépen-
dance des Etats-Unis de l'Amérique avait été
la cause. M. de Sainte-Croix voulut éclairer
la première de ces puissances sur ses vérita-
bles intérêts. Pour y réussir, il montra com-

bien étaient humiliantes et oppressives les conditions auxquelles on l'avait obligé de souscrire en 1763, et combien on trouvait de fautes graves et d'une dangereuse conséquence dans la rédaction des principaux articles du traité conclu en cette année.

Un extrait de ces observations a été donné de nouveau, dans la seconde édition de l'*Histoire des progrès de la puissance navale de l'Angleterre*, dont nous parlerons plus bas.

Mémoires pour servir à l'Histoire de la Religion secrète des anciens peuples, ou Recherches historiques sur les Mystères du Paganisme. Paris, 1784, 1 vol. in-8.

Ce traité est dû, comme l'*Examen critique des Historiens d'Alexandre*, à un concours proposé par l'Académie des Belles-Lettres. M. de Sainte-Croix, qui s'était occupé depuis longtemps de recherches sur les mystères du Paganisme, ne pouvait trouver une occasion plus favorable de faire usage des matériaux qu'il avait rassemblés sur une question également obscure et curieuse, que le sujet proposé pour le prix de la Saint-Martin 1777, et qui consistait à faire connaître les noms et les attributs de Cérès et de Proserpine, l'origine et la raison de ces attributs, enfin, le culte de ces Divinités. M. de Sainte-Croix, préparé par la direction de ses études à traiter ce point d'antiquité, entrait avec un grand avantage dans la lice, et l'Académie, en couronnant un travail aussi profond et aussi sage que celui de son savant associé, dut s'applaudir du sujet de prix qu'elle avait choisi. Le Mémoire couronné, augmenté de nouveaux développemens, produisit l'ouvrage dont il s'agit, qui parut en 1784. Jetons un voile sur les désagrémens qu'attira à l'auteur de ces Recherches sa trop grande confiance dans un savant plus érudit que judicieux, qui s'était chargé de l'édition de cet ouvrage, et oublions des torts que M. de Sainte-Croix avait lui-même oubliés. Ce Traité fut traduit en allemand en 1790, et le traducteur supprima toutes les additions que l'auteur avait désavouées. « Ainsi, disait M. de Sainte-Croix, » mon ouvrage existe plutôt en allemand » qu'en français. Depuis sa publication en » 1784, ajoutait-il, j'avais fait de nouvelles » recherches et rassemblé beaucoup de notes, » pour en donner une édition plus ample et » plus correcte ; mais tous ces matériaux ont » été brûlés ou jetés au vent par les soldats » de Jourdan, qui s'emparèrent de ma mai- » son paternelle, et m'en chassèrent en 1791. » Je travaille, autant que ma position et ma » santé me le permettent, à réparer cette » perte, afin de mettre au plutôt sous presse » cette nouvelle édition. M. de V.... a telle- » ment altéré et coupé la précédente, qu'il » est bien difficile de saisir les résultats et les » conséquences favorables aux bons principes, » que doivent naturellement produire mes » recherches. Cet éditeur ne s'en est pas » même douté, et n'a vraisemblablement pris » mon travail que pour un vain étalage d'é- » rudition.... »

: Pour satisfaire aux vœux de tous les homnies qui s'intéressent aux progrès des Lettres et à la mémoire de M. de Sainte-Croix, nous annonçons qu'un exemplaire de la première édition de cet ouvrage, chargé de corrections, de ratures et d'additions, se trouve parmi les manuscrits qu'a laissés ce savant, et que l'homme de lettres, son confrère et son ami, auquel il a légué tous ses travaux manuscrits, se fera un devoir de répondre à cette confiance honorable, en faisant jouir le public, le plutôt possible, de cette seconde édition.

Histoire des Progrès de la Puissance navale de l'Angleterre. Yverdon, 1782; deuxième édition, Paris, 1786, 2 *vol. in-*12.

M. de Sainte-Croix n'avait d'abord eu intention que d'examiner l'Acte de navigation, et les conséquences qu'il a eues pour l'augmentation de la puissance navale de l'Angleterre. Cet examen l'ayant obligé à considérer l'état de la marine anglaise avant et après cet acte, contre lequel les publicistes déclamaient sans en avoir pésé, avec une juste impartialité, les motifs et les conséquences, il conçut et exécuta rapidement l'idée d'écrire l'Histoire des progrès de la puissance navale de l'Angleterre.

La première édition de cet ouvrage, quoique faite avec précipitation, eut beaucoup de succès, et il s'en fit même plusieurs contrefaçons. L'auteur, qui se reprochait d'avoir, par complaisance pour l'éditeur, livré son travail à l'impression avant de s'être procuré tous les matériaux dont il auroit eu besoin

pour le compléter , et qui, d'ailleurs , comme
il le dit lui-même , se reconnoissait à peine
dans son ouvrage, défiguré par une multitude
de fautes d'impression , céda facilement au
désir d'en donner une nouvelle édition plus
complète et travaillée avec plus de soin , et
la publia effectivement en 1786. On sera bien
aise d'apprendre de lui-même tout ce qu'il
fit pour améliorer son premier travail , qu'il
ne regardait que comme un essai, et ce qu'il
pensait de la seconde édition.

« Etant venu à Paris, dit-il , je demandai
» au Maréchal de Castries , alors Ministre de
» la Marine, l'entrée au dépôt de ce minis-
» tère. Ma demande me fut accordée avec
» beaucoup de grace et de facilité. Quoique je
» n'usasse pas de cette permission autant que
» je l'aurais dû , cependant je tirai de ce dé-
» pôt plusieurs écrits importans, entre autres ,
» des lettres du Maréchal de Tourville , que
» je fis imprimer parmi les pièces justificatives
» de ma nouvelle édition ; elles n'en sont pas
» le moindre ornement. L'ouvrage fut corrigé,
» fort augmenté et presque entièrement refait ;
» je soignai beaucoup le style, et je m'efforçai
» de lui donner une rapidité et une concision
» qui frappèrent même les connaisseurs. Je
» n'oubliai rien pour faire passer dans notre
» langue , sans affectation de néologisme ,
» bien des termes nécessaires à la description
» des évolutions navales, et qui , jusques-là,
» n'avaient été d'usage que dans les journaux
» des marins. Je fis de grands efforts pour
» être non-seulement clair , mais même in-
» telligible aux personnes les moins instruites

» des choses relatives à la marine ; mais ce
» qui me coûta le plus, ce fut de concilier
» les récits toujours opposés des Puissances
» belligérantes. M. Mallet-du-Pan me repro-
» cha dans le Mercure , d'avoir présenté
» toutes les actions sous un jour trop favora-
» ble aux Français, et manqué d'impartialité
» envers les Anglais. Ce reproche n'est pas
» absolument dénué de quelque fondement ;
» mais si j'ai cru devoir ménager mes conci-
» toyens, afin d'empêcher qu'ils ne tirassent
» des faits que je rapportais des résultats dé-
» courageans, du moins me suis-je exprimé
» de manière à manifester la vérité aux per-
» sonnes clairvoyantes. Du reste , la critique
» de M. Mallet-du-Pan porte à faux sur plus
» d'un objet. Après avoir écrit une réponse
» à cette critique, je la supprimai comme inu-
» tile, craignant d'ailleurs qu'elle ne fit quel-
» que peine à cet homme estimable. On n'a
» point assez fait attention à la hardiesse coura-
» geuse avec laquelle je parlai de divers évène-
» mens encore récens, et dont on n'avait rendu
» compte jusques-là qu'en termes de gazetier.
» Des observations sur l'Acte de navigation
» terminent le premier volume, le second est
» terminé par des observations sur le Traité
» de paix de 1763. Ces dernières sont extraites
» de l'écrit sur le même sujet, que j'avais pu-
» blié précédemment ; j'y ai fait des change-
» mens et des additions. Les unes et les autres
» ne sont pas à mépriser, j'ose me le persua-
» der. Ayant eu beaucoup de goût pour la
» marine dès mon enfance, peut-être me suis-
» je fait illusion sur cet ouvrage ; il me sem-

» blait, en y travaillant, reconnaître *veteris*
» *vestigia flammæ*. Cette édition n'eut pour-
» tant aucun succès.... Sont-ce quelques er-
» reurs que renferme l'ouvrage, celle, par
» exemple, de faire assister le fameux André
» Doria à la bataille de Lépante, tandis qu'il
» était mort, et que ce fut son neveu qui s'y
» trouva; ou celles qui me sont échappées
» relativement à Jean Sans - Terre, ou à
» MM. de Kersaint, que je suppose noyés
» avec leur père, quoiqu'ils fussent encore
» pleins de vie, etc. sont-ce, dis-je, de pa-
» reilles négligences qui ont rendu le public
» indifférent pour ce livre ? Non, sans doute,
» le public passe bien d'autres bévues, sans en
» savoir mauvais gré aux auteurs. Voici donc
» la véritable cause de cet oubli ou de ce
» dédain de sa part. Des libraires avides,
» frappés du titre de mon ouvrage lorsqu'il
» parut la premiere fois, en firent plusieurs
» contrefaçons dont ils tirèrent un grand
» nombre d'exemplaires : les boutiques en
» regorgèrent, et le public, le jugeant sévé-
» rement, ne put se persuader que la seconde
» édition fût un ouvrage plus digne de son
» attention, que ce qui passait pour être la
» premiére édition. D'ailleurs, la paix était
» faite avec l'Angleterre depuis trois ans, et
» l'on ne s'occupait plus de marine ni d'actions
» navales. C'est bien le cas de dire avec Mar-
» tial : *habent sua fata libelli*. »

　　Nous n'avons pu résister au plaisir de copier
ce morceau en entier. Il respire toute la simplicité, la franchise, la candeur de M. de
Sainte-Croix. On croit entendre ce savant ou-

vrir son cœur à un ami, et parler de lui-même, comme il eût parlé d'un étranger, dans une conversation libre et confidentielle.

Des Anciens Gouvernemens fédératifs et de la Législation de Crète. Paris, an 7 (1798), 1 *vol in*-8.

Cet ouvrage est formé de la réunion de deux mémoires que M. de Sainte-Croix avait lus à l'Académie des Belles-Lettres, peu de temps avant la suppression de cette Compagnie. Le premier et le plus important des deux, a pour objet de prouver que la Grèce n'eut jamais de constitution fédérative avant la ligue des Achéens ; le second fait connaître l'origine des Crétois, leur législation et le rapport des institutions de Sparte avec celles de Crète : l'un et l'autre sont accompagnés de divers éclaircissemens, où l'auteur traite plusieurs points de critique et d'histoire avec son érudition et sa sagesse ordinaires. Lorsque ce beau travail parut, la France respirait à peine, et la fureur des partis était mal éteinte. Les Sciences et les Lettres n'osaient point encore se promettre un avenir plus heureux. « Pourquoi donc, se demandait à » lui-même M. de Sainte-Croix, me hasardé-» je à publier un nouvel ouvrage ? C'est, ré-» pondait-il, qu'au milieu des plus sinistres » présages, on tient encore à l'objet de ses » affections journalières, et que l'espérance » ne délaisse pas l'homme même qui cherche » à lui fermer son cœur; d'ailleurs, ajoutait-il, » je ne puis, sans ingratitude, déserter la car-» rière des Lettres, auxquelles je dois une

» consolation salutaire dans ces jours d'amer-
» tume et de douleur. »

Quelques personnes crurent apercevoir dans l'ouvrage de M. de Sainte-Croix des intentions contraires au Gouvernement, ou du moins à ce que l'on honorait alors de ce nom. « Cela est faux, écrivait ce savant, j'ai laissé » parler les faits, et ce n'est pas ma faute s'ils ne » s'accordent pas avec les idées de certaines » personnes. Les réflexions dont ces faits sont » accompagnées, viennent du sujet, ne tien- » nent à aucun système, et n'ont pas été » écrites pour favoriser un parti. Quelques » personnes même m'ont reproché d'avoir » montré du penchant pour les Républiques. » Voilà ce qui arrive quand on publie des ou- » vrages dans des temps de troubles et de » factions, où l'impartialité est un phéno- » mène si rare que l'on refuse d'y croire. »

Les lecteurs éclairés n'hésiteront pas à mettre cet ouvrage de M. de Sainte-Croix, au nombre de ceux qui réunissent, à l'érudition et à la critique, des vues sages et profondes, et qui placent l'auteur parmi les publicistes les plus estimables. Quand on se reporte à l'époque où ce volume parut, on ne peut s'empêcher de savoir gré à M. de Sainte-Croix du courage avec lequel il présenta la vérité, et rappela les hommes de Lettres à la noblesse et à la sainteté de leur ministère.

Nous passons sous silence plusieurs autres ouvrages composés par M. de Sainte-Croix, tels que *Les Éloges de M. l'Abbé Poule, du Cardinal de Bernis, de D. Clément, de M. l'Abbé Barthélemy*, des Mémoires *sur une nouvelle édition des Petits Géographes Grecs, sur le cours de l'Araxe et du Cyrus; des Pensées sur la Providence;* plusieurs tables importantes dans le *Voyage du Jeune Anacharsis, etc. etc.* parce que nous ne pourrions en donner ici le détail, sans dépasser les bornes que nous nous sommes imposées. Nous finirons donc en disant que peu d'hommes de Lettres ont égalé M. de Sainte-Croix, pour la pureté des vues, l'activité la plus infatigable, l'étendue des connaissances, l'art de les employer utilement ; mais qu'aucun ne l'a surpassé pour les qualités qui font le citoyen estimable, le chrétien fidèle, le vrai philosophe, l'ami tendre et sincère. Il laisse de longs regrets et un souvenir éternel.

Le public sera peut-être étonné que la bibliothèque d'un savant, dont les écrits annoncent la connaissance la plus vaste de la littérature ancienne et moderne, n'offre pas une collection plus considérable ; mais cet étonnement cessera, si l'on fait réflexion que celle que M. de Sainte-Croix avait formée à grands frais pendant plus de vingt années, a été, comme toutes ses propriétés, abandonnée au pillage, et livrée à toutes les causes de destruction, et que les pertes de tout genre qu'il avait souffertes, ne lui ont point permis d'en créer une nouvelle telle que ses travaux l'eussent exigé. Placé au centre des plus riches dépôts publics et particuliers, il suppléait facilement à ce qui lui manquait en ce genre, et comme il n'estimait les choses que par leur utilité réelle,

il était moins sensible à cette privation que
ne le sont ordinairement les hommes de Lettres. Au surplus, le choix des livres qui for-
ment la bibliothèque de M. de Sainte-Croix,
répond à la variété de ses connaissances, et
atteste la solidité de ses principes.

SILVESTRE DE SACY.

DE L'IMPRIMERIE DE TESTU, IMPRIMEUR
DE L'EMPEREUR.

www.ingramcontent.com/pod-product-compliance
Lightning Source LLC
LaVergne TN
LVHW010121060726
842524LV00005B/1661